IMPRESSUM

TITEL:

GAGS TO GO 2

DAS ZWEITE LUSTIGBUCH

WITZE
KARIKATUREN
SPRÜCHE
GESCHICHTEN
APHORISMEN
ZITATE

Autor: Renate Heberle

Illustrationen: Renate Heberle

Herstellungund Verlag: BoD
                Books on Demand
                Norderstedt

ISBN NR.: 9783735719621

RÄTSEL FÜR INSIDER

NOUVELLE BOISSANTERIE

1.)
Blumige Variation von Hopfen und Malz verfeinert durch Auszüge von der Gerste.
2.)
Vitalisierende Gaumenfreuden heimischer und exotischer Früchte.
3.)
Aufgeschäumte Mousse von Genitalien an 17 Volumenprozenten.
4.)
Bittermandelöl und Saccharose in Aethanol.
5.)
Prickelnd moussierendes Traubensaftderivat von eleganter Natur.
6.)
Traumhafter Dialog aus gepressten Erdäpfeln Georgiens mit Auszug sonnengereifter Früchte des Pfirsichbaumes.
7.)
Liebessüße Komposition aus der berauschenden Coca-Nuss – verbunden mit den Nuancen der „Carotte du sucre" – verfeinert durch karbonierten Gänsewein.
8.)
Heiße Extraktion von Früchten der kolumbianischen Kaffeestaude an Schaum des Kuh -Produktes.
9.)
Destillat der „ KASTILIANISCHEN WEINTRAUBE"
10.)
Herbe Mischung von ländlicher Flora des schottischen Hochlandes – angereichert durch süßfarbige Brillanz mit äußerst anregender Wirkung.
11.)
Schwindelerregende DESTILLE von Essenzen kentuckyanischen Hühnerfutters -brüderlich verschmolzen mit bourbonischen Getreide-Arten.
12.)
„GEISTERBAHN-SCHAFFNER'S FEIERABENDTRUNK :
- Eosingefärbte Störfallverordnung -
13.)
Düsterer , übelschmeckender ALCHIMISTEN-Tropfen – gezogen aus den vielzähligen Kräutern der Karpaten-Kleingärtner

RÄTSEL - AUFLÖSUNG :

1. Bier

2. Obstsäfte

3. Eierlikör

4. Amaretto

5. Sekt

6. Pfirsich-Wodka

7. Cola

8. Milchkaffee

9. Osborne Brandy

10. Scotch Whisky

11. Bourbon Whisky

12. Campari

13. Fernet Branca

EU - Subvention

Ein griechischer Bürgermeister besucht seinen italienischen Kollegen einer Kleinstadt.
Der bewohnt eine Super-Villa, die Räume mit Parkett ausgestattet, eine Rundumterrasse, die Bäder mit Murano-Fliesen und COLANI-Möbel überall.
„Wie kannst du dir das leisten?" fragt ihn der Grieche.
Der Italiener nimmt ihn mit zum Panoramafenster.
„Sieh mal dort. Siehst du die Brücke?"
„Ja."
„Die war 4-spurig geplant und von der EU finanziert. Da habe ich sie 1-spurig bauen lassen, vorn eine Ampel, hinten eine Ampel. Der Verkehr funktioniert. Vom Rest des Geldes habe ich mir das alles hier gegönnt."

Ein Jahr später besucht der italienische Bürgermeister den Griechen. Die Kiesauffahrt zur Villa ist hell erleuchtet, der parkähnliche Garten mit Springbrunnen und seltener Botanik versehen. In der Riesenvilla gibt es überall Marmor, echte Perserteppiche und auch vergoldete Wasserhähne.
„Wie das?" ist die erstaunte Frage des Italieners. Der griechische Bürgermeister nimmt ihn mit auf die Marmorterrasse und fragt ihn:„Siehst du dort die Brücke?"
„Nein..."

W I T Z E

Familie Schliefenkötter erwartet in Kürze ein Baby.
Tochter Nicole liest die Zeitung und meint dann:
„Wir werden jetzt eine interessante Familie."
„Wieso das denn?" will der Familienvater wissen.
„Jetzt sind wir drei Kinder. Und hier steht: Jedes 4.
Kind, das zur Welt kommt, ist ein Chinese!"

Im Geografie-Unterricht erklärt der Lehrer auch ande-
re Planeten. „Wenn es möglich wäre, könnten auf dem
Mond circa 1 Million Menschen leben."
Der kleine Paul in der letzten Reihe bekommt einen
Lachanfall. „Warum lachst du, Paul?" fragt ihn der
Lehrer.
„Ach, ich stelle mir gerade das Gedränge bei Halb-
mond vor!"

Fritzchen hat eines Morgens keinen Bock, zur Schule
zu gehen und ruft im Sekretariat der Schule an:"Guten
Morgen. Ich möchte Fritz entschuldigen; der kann
heute wegen Krankheit nicht zur Schule kommen."
„Wer spricht denn da?" will die Sekretärin wissen.
„Mein Vater."

Es fliegen 2 Schokoladen durch die Luft. Welche ist
die männliche?
Die mit den Nüssen.

Hein trifft Fiete. Der fährt einen neuen Mercedes, trägt eine Rolex-Uhr und hat das teuerste I-Pad. Wie er denn zu diesem Reichtum käme, will Hein wissen. „Bärenjagd!" ist die Antwort. „Ich habe mir ein gutes Gewehr gekauft. In einer lauen Frühlingsnacht suche ich eine Bärenhöhle, setze mich davor und warte. Ich rufe: Huuuhuuu! Und wenn der Bär herauskommt, schlage ich mit dem Gewehrkolben zu, dann erschieße ich ihn und verkaufe das Fell und die Bärenschinken. Das bringt richtig Geld!"

Hein bedankt sich für den guten Tipp und will das auch versuchen.

Nach einem halben Jahr trifft der Fiete den Hein wieder; der ist nun eingegipst von oben bis unten.

„Was ist dir denn passiert? Verkehrsunfall?" will Fiete wissen.

„Hör mir bloß auf mit deiner blöden Bärenjagd", wispert Hein. „Ich habe mir eine richtig gute Flinte gekauft und dann bin ich in den Wald. Habe auch eine echt große Höhle gefunden und gewartet. Aber als ich Huuuhuuu! rief, machte es von drinnen auch Huuhuu! und dann hatte mich die Lokomotive auch schon überfahren!"

SPAGHETTI

An einem Mittagstische saßen

fünf Menschen, welche Nudeln aßen.

Vater, Mutter und drei Rangen,

die schon eine Weile schlangen.

Da sagt der älteste der Rangen:

„Sieh-wie an Vaters Maul die Nudeln hangen!"

Der Zweite sprach:"Wie kannst du's wagen

zu Vaters Schnauze M a u l zu sagen !"

Vater sprang auf, um sie zu schlagen

und alle beide rauszujagen.

Der allerkleinste Sohn jedoch

vor Angst gleich unters Sofa kroch.

Da sprach der Vater zu dem Kleinen:

„Komm her, mein Sohn, du brauchst nicht weinen!"

Der Jüngste meint, indem er weiterkroch:

„Halt mal die Fresse, dich Aas kenn ich doch!"

ORH+

Am Straßenrand

WITZE

Eine alte Dame wird vom Feuerwehrmann aus der brennenden Wohnung im 4. Stock geholt. Auf der Feuerwehrleiter hat er sie Huckepack und sagt: „So, Oma, nun beißen sie mal die Zähne zusammen!" „Oh Gott", stöhnt die alte Dame. „Dann müssen wir nochmal zurück. Die liegen im Wasserglas auf dem Nachtschrank!"

Eine Nonne schiebt einen Kinderwagen durch den Klostergarten. Der Bischof, der gerade zu Besuch ist, fragt: „Na, ein kleines Klostergeheimnis?" „Nein", antwortet die Nonne, „ein Kardinalfehler!"

Das Ehepaar Stumpenhusen ist im Urlaub in den Bergen und betrachtet das Bergpanorama. Sie schwärmt: „Ist das herrlich hier! Diese Aussicht! Ich bin sprachlos!" Herr Stumpenhusen meint: „Na, wunderbar! Dann bleiben wir 6 Wochen!"

Eine ältere Kundin im Metzgerladen: „50 Gramm Leberwurst. 2 Scheiben Kasseler-Aufschnitt und 2 Scheiben Corned Beef. Ach, können sie mir das bitte nach Haus liefern. Webergasse 1." Der Metzger antwortet: „Das geht heute leider nicht. Unser LKW ist gerade mit einem Bouillonwürfel unterwegs!"

Der Patient wacht aus der Narkose auf. Nicht nur der Blinddarm, sondern auch die Mandeln fehlen.
Der Chirurg bedauert: „Das mit dem Blinddarm ist mir so wunderbar gelungen, dass die Studenten eine Zugabe forderten!"

Sitzt ein Pferd in der Milchbar. Da kommt eine Kuh herein. „Nanu", meint das Pferd, „seit wann kommen die Lieferanten durch den Haupteingang?"

Aufm Dorf

Knecht Hinnerk besucht die Kirmes. Im großen Festzelt tanzt er den ganzen Abend mit einem schüchternen Mädchen aus dem Nachbardorf. Er bringt sie danach zu Fuß noch nach Haus und meint beim Abschied: „Der Abend war sehr schön, aber ich weiß noch immer nicht, wie du heißt?" Sie antwortet sehr scheu: „Ich heiße wie meine MUSCHI - nur ohne den Anfangsbuchstaben." Hinnerk stutzt etwas und murmelt: „OTZE - ist ja ein komischer Name!"

Beim Erntefest lernt Hinnerk ein hübsches, junges Mädchen kennen. Auf dem Nachhauseweg machen sie Halt auf einer Bank am Waldesrand und knutschen. Ganz erregt flüstert Hinnerk ihr ins Ohr: „Kannst du mir einen blasen?" Das unerfahrene Mädel kniet sich vor ihm hin, greift sein Genital und pustet heftig darauf. Nach zehn Minuten Pusterei meint Hinnerk zu ihr: „Du - jetzt ist er kalt genug. Kannst ihn nun in den Mund nehmen!"

Der etwas dämliche Bauerssohn Hannes lernt auf der Dorfkirmes die flotte Susi kennen. Nach wilder Flirterei wandern sie zusammen durch das Dorf nach Haus und machen noch einen Halt auf einer Bank. Nach ausgiebiger Knutscherei und auch Fummelei raunt Susi ihm ins Ohr: „Du, Hannes, lass uns jetzt was ganz Dreckiges machen..." „Au ja", sagt der dumme Hannes, „wir kacken in die Milchkannen und hauen dann ab!"

Bauer Harmsen schlägt seiner Frau Else eine Ohrfeige, gerade als der Dorfpfarrer sein Haus betritt. Als der Pfarrer zur Diele hereinkommt, haut Harmsen seiner Frau noch ein paar Ohrfeigen mit den Worten: „Und warum warst du Sonntag wieder nicht im Gottesdienst???"

W I T Z E

Von den 2 Freunden, die sich wiedertreffen, ist der eine Imker und besitzt einen Stock mit mehr als 3000 Bienen. Er trägt den typischen Schutzanzug mit einem Netz vor dem Gesicht. Sein Freund meint: „Ich bin immun gegen alles. Ich brauche keinen Schutzanzug! Wir können das testen!" Er lässt sich nackt an den Baum fesseln, während der Imker dort seine 3000 Bienen freilässt und nach 3 Stunden wieder nach ihm sehen will.
Als der Imker zurückkommt, liegt sein Freund total erledigt in den Seilen und jappst. „Oh, mein Freund. Haben dich meine Bienen zerstochen?" „Nein", röchelt der, „deine Bienen haben mich in Ruhe gelassen. Aber konntest du dem kleinen Lämmchen da nicht Bescheid sagen, dass ich nicht seine Mutter bin?"

Ein Wanderer im Allgäu macht eine Wandertour in den Bergen. Auf dem Rückweg begegnet er einem Senner auf einer Alm, der gerade seine Kühe melkt. Er fragt den Senner nach der Uhrzeit. Der Melker packt der Kuh vor sich an den Euter, schwenkt ihn etwas und meint dann lakonisch: „Halbig sechse!" Als der Wanderer nach einer halben Stunde bergab das Dorf erreicht, ist es tatsächlich sechs Uhr, was ihn sehr erstaunt.
Das geschieht ebenso am nächsten Tag. Am dritten Tag möchte der Tourist dieses Rätsel lösen und er fragt den Melker:"Sagen sie mal, erkennen sie eigentlich die Uhrzeit an der Wärme des Kuheuters ?" „Naa", meint der Melker, „i heb nur das Euter hoch. Do kann i die Kirchturmuhr sehen!"

Bei Hochwasser sitzen zwei ostfriesische Bauern auf dem Dach eines Bauernhauses - die Piepe im Mund. Mit der typischen ostfriesischen Gelassenheit meint der eine: „Kiek mool. Da swimmt ne Mütze!" „Nee", meint Bauer Kiepenkerl," das ist Harms Hansen. Der mäht bei jedem Wedder!"

AM FORSTHAUS

Ein Hühnerdrama

Ein Bauer schaffte sich jüngst an
einen neuen jungen Hahn.
Dieser sollte zum Entzücken
achtzehn Hennen bald beglücken.
Der alte Hahn - so dacht' er sich -
hat schließlich schon den Datterich.
Es werden so nach bestem Willen
auch helfen keine blauen Pillen.

Da sprach der fesche junge Hahn
zum Alten: „So, lass mich jetzt ran!
Zum Hühnerpoppen auf dem Hof
bist du zu alt und auch zu doof!"
Da sprach der Alte: „Junger Herr-
du meinst also, ich könnt' nicht mehr?
Willst du mit m e i n e n Hennen pennen,
sollten wir um die Wette rennen!"

„Einmal zur Scheune -
gehören dir neune.
Dann einmal zurück -
das wär'n achtzehn Stück.
Und nun genug mit der Mathematik.
Ich wünsch **mir** Erfolg und **dir** etwas Glück!
Großzügig bot der junge Hahn
dem Alten etwas Vorsprung an.

Ein Hühnerdrama

So raste - wie auf glattem Eis -
der Junghahn hinterm Dattergreis.
Er holt schnell auf, fast wird es eng.
Da wird es laut. Es macht kurz: PENG !
Beim Schuss wird hier zum Federball
der junge Hahn im Flintenknall !
Der Bauer mit geschwelltem Bauch
bläst aus dem Lauf den Flintenrauch !

Derweil hockt auf nem Mauersockel
unser altersschwacher Gockel.
Der Bauer spricht: „Mein Hahnentier,
komm bitte her, verzeihe mir.
Es war - um aus der Haut zu fahr'n -
schon wieder so ein s c h w u l e r Hahn!"

Fazit:
Es bildet sich die Jugend ein:
sie könnt schlauer als die Alten sein!
Doch meistens hilft bei einer Paarung
nichts besser als ein Stück Erfahrung !

Laß uns tanzen, sag mir, wie:

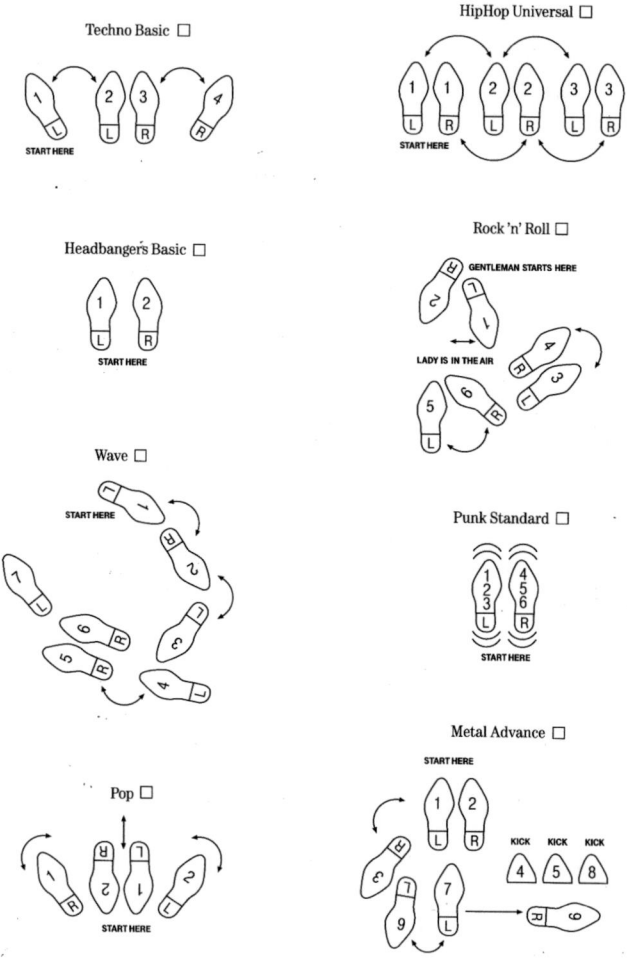

Techno Basic ☐

HipHop Universal ☐

Headbanger's Basic ☐

Rock 'n' Roll ☐

Wave ☐

Punk Standard ☐

Pop ☐

Metal Advance ☐

Was ich eigentlich sagen wollte:

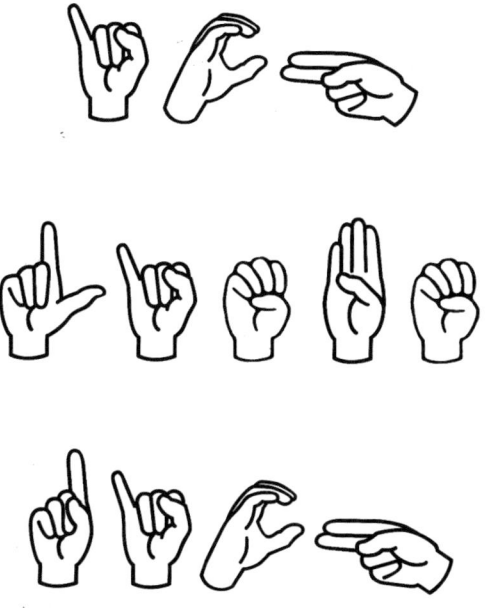

S P R Ü C H E

Kennt ihr diese Menschen, die niemals Komplimente machen, aber **Negatives** sofort mitteilen müssen ? **Wenn ja, wo begrabt ihr die ??**

FACEBOOK ist toll, aber richtige **F r e u n d e** funktionieren auch **o h n e** Strom !

Mein „soziales Netzwerk" früher hieß **„Draußen"** !

Freundlichkeit ist im täglichen Gebrauch so selten geworden, dass andere Menschen diese schon als **„flirten"** ansehen !

L e b e n ist „ Zeichnen ohne Radiergummi"!

Diese romantischen Sonntagsspaziergänge.....
War schon im Bad, bin am Kühlschrank vorbei und jetzt auf dem Weg zur Couch.
Wetter spielt auch mit !

Quatsch! Natürlich gibt's heute noch Männer, die richtige **Krieger** sind. Es sind halt eher so Nix - auf - die - Reihe - Krieger.

M ä n n e r   a n   d i e   M a c h t !!
M a c h t   s a u b e r !
M a c h t   K a f f e e !
M a c h t   E s s e n !
M a c h t   u n s   n i c h t   b ö s e !

R E H A
(Mit Reduktionskost 1100 Kalorien)

Die Weser fließt so sachte
und Frühstück gibt's um achte.
Der Wecker weckt um sieben.
Wär gern im Bett geblieben.
1 Joghurt und ne Stulle -
viel Wasser aus der Pulle.
Dann zehn Minuten Radeln
ist gut für Po und Wadeln !
Und Sport an den Geräten
ist täglich hier von Nöten.
Das Solebad - Wasserballett
ist hin und wieder auch sehr nett.
Ne Extension macht Frau Reuter,
mit heißem Fango geht es weiter.
Schmerz in Lende und am Hals -
ein Fango hilft da jedenfalls.
Zum Mittag keine Illusionen:
Nix Fleisch!Nur Reisgericht mit Bohnen.
Diadynamik entspannt mal eben,
dann Vortrag vom „gesunden Leben".
Viel Bewegung und stramm laufen-
zwischendurch viel Wasser saufen!

R E H A

Am Abend dann die große Not :
Neun Blatt Salat und Körnerbrot !
Später, wenn ich abends gähne,
habe ich ganz lange Zähne -
träum von Salat,von Gurken,Möhrchen.
Sag, wachsen mir schon Hasenöhrchen?
Ja. So 'ne   R E H A hilft enorm :
man kommt hier wieder fit in Form !

im Oktober 2008   Renate Heberle ORH+

FÜR KLUGE KÖPFE

Aufgabe

26   B im A

 7   WW

12   SZ

 9   P im SS

19   GR im GG

 O   G C i d T b d W g

18   L auf dem GP

9O   G im RW

 4   Q in einem KJ

24   S hat der T

 2   R hat ein F

11   S in einer FM

F Ü R   K L U G E   K Ö P F E

Aufgabe

29   T hat der F im SJ

32   K in einem SB

64   F auf einem SB

5   F an einer H

16   BL hat D

6O   S i e M

3   W aus dem ML

alle   W f n R

Auflösung auf Seite 99

IM THEATER

Hein hat Theaterkarten für ein modernes Theaterstück
von JEAN PAUL SARTRE geschenkt bekommen und
lädt seinen Freund Fiete dazu ein. Vorher trinken Sie
im Theaterfoyer noch ein paar Bier, bevor sie sich auf
ihre Plätze im oberen Rang begeben. Es dauert noch
eine ganze Weile, bis der Vorhang sich öffnet. Das
Bühnenbild ist sehr minimalistisch - wie bei allen
modernen Dramen: die Bühne ist fast leer.
Da überkommt Hein der Harndrang. Das Bier!
Er stürzt im Dunkeln zur Tür hinaus, läuft ein paar
Gänge entlang, sucht verzweifelt das Klo.
Öffnet wieder eine Tür und landet in einem dunklen
Raum mit einer großen Bodenvase. Ein Glück! denkt
er und uriniert in die Vase.
Erleichtert rennt er wieder viele Gänge entlang, bis er
seinen Platz im oberen Rang wiederfindet. Nun fragt
er seinen Freund: „Fiete, habe ich etwas verpasst?"
„Nee", antwortet der. „Typisches Stück von SARTRE.
Es kommt einer auf die Bühne, pinkelt in die Boden-
vase und rennt wieder raus!"

NIX BESONDERES

Bauer Piepenbrink kommt erschöpft abends um 19 Uhr von der Landwirtschaftsmesse zurück und geht die Appelbaumallee zu seinem Gehöft entlang.
Im Abendsonnenschein kommt ihm eine Gestalt entgegen mit einer Schippkarre und er wundert sich, wer so spät noch unterwegs ist. Beim Näherkommen erkennt er seinen Knecht Hinnerk. „Ja, Hinnerk. Is was passiert? Was machst du so spät hier?" Der antwortet: „Nee, Bauer. Is nix Besonderes passiert!"
Bauer Piepenbrink fragt: „Was hast du denn do aufe Schippkarre?"Hinnerk: „Es is nix Besonderes passiert, Bauer, das sind nur die verbrannten Sweine."
Der Bauer ist außer sich: „Was is denn passiert? Wie konnten denn die Sweine verbrennen??" Hinnerk: "Ooch, das kam doch bloß davon wech, weil der Sweinestall gebrannt hat. Bauer, glaub mir, is aber nix Besonderes passiert!" Der Landwirt fragt total entnervt: „Aber um Gottes willen, wie konnte denn der Sweinestall brennen?"
Mit dösigem Blick antwortet sein Knecht: „Das kam ja mal davon wech, dass die Flammen von die Scheune auf den Sweinestall übergeschlagen sind!" „Oh Gott! Oh Gott! Wie konnte denn meine Scheune in Brand geraten?" wimmert Piepenbrink. Hinnerk: „Also Bauer - das war so, dass das Feuer von das

NIX BESONDERES

Wohnhaus auf die Scheune übergeschlagen ist. Aber beruhige dich doch, Chef: is nix Besonderes passiert!" Der Bauer ist einem Kollaps nahe: „Um Himmels willen! Warum hat denn mein Wohnhaus gebrannt?" Hinnerk:„Das kam wohl davon wech, weil die Kerzen bei die Leiche umgefallen sind."
„Welche Leiche ?!?!?!"
„Na, ihre Frau. Die ischa nun tot."
„Wie kam das denn?" will Piepenbrink wissen.
„Tjo, Chef, ihre Frau is die Kellertreppe runter, um Wein raufzuholen, war aber sturzbesoffen. Da hat se sich das Genick gebrochen."
„Aber das is doch nix Besonderes. Die is doch jeden Tag sturzbesoffen", meint der Bauer, worauf Hinnerk geflissentlich erklärt: „Sach ich doch, Bauer, is nix Besonderes passiert!"

OTTO UND JANSSEN

OTTO trifft nach langem seinen Freund JANSSEN wieder, der seit einiger Zeit in der Politik tätig ist. Er hat eine große Limousine mit Chauffeur zur Verfügung und OTTO ist sehr beeindruckt davon.

„Das ist doch gar nichts, OTTO," meint JANSSEN angeberisch, „mit OBAMA in den USA bin ich auch befreundet." OTTO glaubt das nicht. Zum Beweis lädt JANSSEN seinen alten Schulfreund ein; sie fliegen im Privatjet zu BARACK OBAMA nach Washington.

„Oh, JANSSEN, nice to meet you here in my White House. Come in and have a Drink with me!" OTTO staunt nur fasziniert und als sie wieder zurück in Deutschland sind, eröffnet ihm JANSSEN, er sei so berühmt und auch mit PUTIN gut befreundet. OTTO will das aber nicht glauben. Also starten sie einen Flug nach Moskau zum Kreml, Putin lässt am roten Platz einen roten Teppich ausrollen und begrüßt JANSSEN auf deutsch: „Oh, JANSSEN, mein guter Freund.Wie schön, dass du mich mal wieder besuchen kommst. Komm, trinken wir einen guten Zubrowka!" OTTO ist total konsterniert von dessen Berühmtheit.

Zurück in Deutschland meint JANSSEN: „Mit dem Papst in Rom bin ich auch befreundet!"

Darauf OTTO: „Bei aller Freundschaft, aber das kann ich dir wirklich nicht glauben!"

OTTO UND JANSSEN

Bei der Ankunft in Rom erteilt der Papst im Peters-
dom gerade der Menge seinen Segen. Urbi et Orbi.
Tausende drängen sich auf dem Petersplatz, als OTTO
und sein Freund JANSSEN am Fuß der Spanischen
Treppe erscheinen.
FRANZISKUS I. hält inne in seiner Rede, als er
JANSSEN erblickt: „O, JANSSEN, Bienvenido! Mi
amigo!" Als JANSSEN oben auf der Kanzel vom
Papst begrüßt wird, sieht er seinen Freund OTTO in
Ohnmacht fallen. Er entschuldigt sich beim Papst und
eilt hinunter, um OTTO zu verarzten. Als der wieder
zu sich kommt, sagt er: „Also der Besuch in USA bei
OBAMA hat mich schon sehr verblüfft. Dass nun der
PUTIN auch dein Freund ist, habe ich ebenso verdaut.
Aber das war zuviel: eben tippte mich eine Ordens-
schwester auf die Schulter und fragte mich: Wer ist
denn der Kerl da oben neben JANSSEN?"

WOHLRIECHENDES

Es sprach ein Limburger zum Harzer:
„Sie stinken einfach unerträglich!
Sie sollten in den Glockenkarzer.
Ist sowas von Gestank denn möglich?"

Der Harzer schämte sich nun greulich
ob dieser Limburger Tiraden,
verlor die Fassung, wurde bläulich
und wurmte sich ganz voller Maden.

So pflegt es auf der Welt zu gehen:
Wer selber stinkt, wälzt dieses immer
auf andre, die daneben stehen,
und ist dabei noch zehnmal schlimmer!

(Robert T. Odemann)

DAS KOMMT DAVON

Man bat mich, in ein Gästebuch zu schreiben
und drückte mir die Feder in die Hand.
Ich dachte mir, das lass ich lieber bleiben,
weil ich den Abend so abscheulich fand.
Weshalb bin ich denn bloß dahin gegangen?
Mich warnte doch ganz spürbar mein Instinkt.
Jetzt sitz ich hilflos da und bin gefangen
und hoffe, dass mir ein Erguss gelingt,
um ihn in diesen Monsterband zu schmieren-
in Leder und in echtem Pergament -
wie sie bei diesen Leuten existieren,
die man - Pfui Teufel - besser gar nicht kennt.
Nun heißt es: danken für die Artischocken,
die du ja schließlich mitgefressen hast.
Sie liegen nunmehr mit dem Henkell Trocken
in deinem Bauch wie eine Zentnerlast.
Die Pute mit dem Salm schwimmt auch darinnen,
auch die geeisten Erdbeer'n - das Kompott -
beginnen dir im Magen zu gerinnen.
Was schreibst du bloß? Oh Gott! Oh Gott!Oh Gott!
Bekunde ehrlich: Einfach unvergesslich!
Das kann ja n e g a so wie p o s i sein.
Drauf schäme dich und werde klein und hässlich
und sage zu dir selbst: Du dummes Schwein !

(Robert T. Odemann)

WITZE

Ein Bär rennt durch den Wald und schreit ständig laut:
„K u g e l ! K u g e l ! K u g e l !"
Kommt ein anderer Bär und fragt: „Was soll das?"
„Ich bin doch ein K u g e l - s c h r e i - b ä r !"
(Oh, ist der platt...Grins)

Ein Urologe spricht zu seinem Patienten:
„Herr Schrubbmüller, sie müssen mit dem Onanieren
aufhören!"
„Warum denn, Herr Doktor?"
„Damit ich sie untersuchen kann!"

Der kleine Markus bietet im Bus einer Schwangeren
seinen Platz an. Da sagt die Frau ganz gerührt zu ihm:
„Du bist aber ein Gentleman!"
Gerade an diesem Tag fragt der Lehrer in der Schule:
„Wer von euch weiß denn, was ein Gentleman ist?"
Da meldet sich Markus: „Einer, der eine schwangere
Frau sitzen lässt!"

Ein Mann möchte sich einen Hut kaufen. Er probiert
im Hutgeschäft schon den achten Hut auf und meint
wieder: „Der sieht auch schrecklich aus! Haben sie
keinen, der zu meinem Kopf passt?" Meint die Verkäuferin: „Wie wär's mit einem Strohhut?"

WITZE

Eine 90-jährige Dame will sich in der Bademoden -
abteilung einen Bikini kaufen. Die Verkäuferin hat
Probleme, ihr das auszureden. Die Dame kauft endlich
einen mit einem Taillenslip und einem Schalen-BH in
der größten Größe. Seegrün geblümt.
Nach einigen Stunden ist diese Kundin wieder da und
schwenkt den Bikini-BH über ihrem Kopf.
Die Verkäuferin meint: „Na, das war wohl doch nicht
das Richtige?" "Doch", meint die Omma, „aber das
Oberteil brauche ich nicht. Kriege alles unten rein!"

Ein Mann holt sich Rat bei seinem Freund: „Du Paul,
hast du eine Idee, was ich meiner Frau zum Geburts-
tag schenken kann? Sie wird doch 5O !" Paul hat eine
Idee: „Du Henning, schenk ihr doch etwas passend zu
ihrem Gesicht!"
„Und was?"
„Einen Faltenrock."

Ein Krokodil kommt zum Psychiater.
Es hat Depressionen. Der Arzt fragt: „Warum?"
„Aus mir ist nichts geworden! Aus allen meinen Ge
schwistern ist etwas geworden,nur aus mir n i c h t s!"
„Das ist ja wirklich schlimm. Aber was ist denn aus
ihren Brüdern geworden?"
„Zwei Handtaschen, acht Gürtel, vier Paar Schuhe..."

Das Leben war viel
einfacher, als Apple
und Blackberry
noch
Früchte
waren!

-ORH+

LEO

WOLLEN

WIR

VOR

DEM

FRÜHSTÜCK

ETWAS

BALLSPIELEN?

Monolog vor dem Schillerdenkmal
im Morgengrauen

Wenn ich noch einmal resümiere,
nachdem das letzte Geld dahin,
dann waren es an fünfzehn Biere
und noch diverse Rum und Gin.
Dann hab ich Labskaus wohl gegessen
und einen Rettich dazu noch,
und was dann kam, hab ich vergessen.
Mein neuer Anzug hat ein Loch.
Nun steh ich vor dir, großer Dichter,
mit deiner Form aus Lehm gebrannt.
Du hast ja plötzlich zwei Gesichter,
das war mir noch ganz unbekannt.
Du schwankst ja auch ganz schön da oben
auf deinem Piede - Pie - destal.
Du, deine Frau, die wird schön toben,
kommst du nach Haus, na - warte mal.
Die Tauben haben dich bekleckert,
Mensch, Schiller, das ist ein Skandal!
Ob deine Alte auch so meckert?
Ich komm mal rauf, Momentchen mal.
Ich wisch die Schultern und den Kragen
dir ab mit meinem Taschentuch,
dann kann sie überhaupt nichts sagen.
Ja, ja, das ist des Sängers Fluch.

Die Männer soll'n zusammenhalten.
Doch prima Aussicht hast du hier,
da kann der Geist sich schön entfalten.
Ach, weißt du was? Ich bleib bei dir!
Die Weiber werden zu Hyänen,
das hast du selber mal erklärt.
Um jeden Scheißdreck gibt es Szenen.
Weißt du, ob schon die U-Bahn fährt?
Ist auch ganz wurscht, wenn ich ihr sage:
ich war bei „Schillern" heute nacht.
Mein bester Leumund - keine Frage -
in Ordnung, Friedrich, abgemacht.
Ich setz mich mal zu dir ein wenig,
das nimmst du doch nicht übel, wie?
Langschäfter trägst du, Dichterkönig?
Warst du auch bei der Infantrie?
Ich war bei einer Panzertruppe
bis 45, stets vorm Feind.
Jetzt aber ist mir alles schnuppe.
Ich schlaf bei dir. Du bist mein Freund!

(Robert T. Odeman)

VERWIRRUNG DER GEFÜHLE
(aber nicht von Stefan Zweig)

Ein Regenwurm stieß aus dem Lehm
und blickte selig in die Runde.
Er fand das Weltbild angenehm.
Vom Kirchturm schlug die Mittagsstunde.
Kein Angler nah, die Sonne schien,
es gaukelten die Schmetterlinge,
die Amsel sang, das Gras war grün,
der Wurm war wirklich guter Dinge.
Er blickte links, er blickte rechts
und sagte dann verlegen schließlich:
wenn ein Jemand des Geschlechts
von mir hier wär, das wär ersprießlich!
Denn auf der großen, weiten Welt
als Wurm und Eremit zu leben,
ist etwas, was mir nicht gefällt.
Da sah das Erdreich er erbeben...!
Und noch ein zweites Exemplar
ist aus dem Boden rausgekrochen-
so rosarot und wunderbar -
da hat das Würmchen einst gesprochen:
„Bonjour! Good morning und Grüß Gott!"
Er sprach, um sicher gleich zu gehen
mit diesem Fremden, polyglott,
da er so auswärts ausgesehen.

Der lächelte so vor sich hin
und schüttelte die Spitze leise.
Der Erste sprach: „Pardon, ich bin
so angetan von ihrer Weise.
Sie sind so überaus charmant,
wie ich noch keinen hab getroffen!
Ich frage sie ganz unverwandt:
Darf ich auf ihre Neigung hoffen?
Ich bin, wenn's ihnen angenehm,
entschlossen gleich zu einer Ehe!
Es ist so triste da im Lehm."
Da sprach der Neue: „Ja, ich sehe,
die Liebe macht tatsächlich blind,
denn dieser Unsinn füllt schon Bände!
Du bist des Wahnsinns Beute, Kind,
denn ich bin doch dein and'res Ende!"

(Robert T. Odeman)

RHEINISCHES

La Constitución de Renania - The Rhenish Constitution - Loi Fondamentale Rhénane

GRUNDGESETZ

Legge regionale renana - Рейнский основной

Artikel 1

Et es wie et es.

Sieh den Tatsachen ins Auge.

Acepta las cosas como son

It's Just the way it is.

Il faut voir les choses en face.

Guarda la realtà negli occhi.

Зри в корень.

Artikel 2

Et kütt wie et kütt.

Habe keine Angst vor der Zukunft.

No le temas al futuro

Don't worry about the future.

Il faut prendre les choses comme elles viennent.

Non aver paura del futuro.

Не бойся будущего.

别杞人忧天.

Artikel 3

Et hätt noch immer jot jejange.

Lerne aus der Vergangenheit.

Atesora tu experiencia y recuerda que ¡todo va a salir bien!

Everything's gonna be allright.

Que tes erreurs te servent de leçons.

Non aver paura del futuro.

Учись на ошибках прошлого.

凡事总往好处想.

Artikel 4

Wat fott es es fott.

Jammere den Dingen nicht nach

Lo pasado, ¡pisado!

If it's gone it's gone.

Il faut aller de l'avant.

Quel che è fatto, è fatto.

Что пропало – то пропало.

大丈夫拿得起放得下

Artikel 5

Do laachste dich kapott.

**Bewahre dir deine gesunde
Einstellung zum Humor.**

La risa es salud

There's nothing but a sense of humor.

Ne perds jamais ton sens de l'humour.

Artikel 6

Et bliev nix wie et wor.

Sei offen für Neuerungen.

¡Estamos en permanente cambio!

Everything must change.

Rien n'est immuable

Sii aperto alle novità.

Все изменялось, изменяется, будет изменяться.

向过去说再见.

Artikel 7

Kenne mer nit, bruche mer nit, fott domet!

Sei kritisch, wenn Neuerungen überhand nehmen.

Necesito lo que tengo; lo que no tengo, no necesito

There are things we really don't need.

Attention, tout n'est pas bon à prendre.

Ci sono cose di cui non abbiamo realmente bisogno.

Не бери то, что тебе не нужно.

不随波逐流!

Artikel 8

Wat wellste maache?

Füge dich in dein Schicksal

Acepta tu destino

There's nothing you can do
about it anyway.

Qu'est ce qu'on peut y faire ?

Accetta il tuo destino.

Против судьбы не пойдешь.

听天由命

Artikel 9

Mach et jot ävver nit ze off!

Achte auf deine Gesundheit!

Enjoy but don't exaggerate!

Diviértete... ¡pero sé precavido!

N'abuse pas des bonnes choses.

Curati della tua salute.

Artikel 10

Wat soll dä Quatsch?

Stelle immer erst die Universalfrage.

¿Qué significa esa tontera?

What's that rubbish good for?

Réfléchis avant d'agir.

Artikel 11

Drink doch ene met!

Komme dem Gebot der Gastfreundschaft nach.

¡Te invito un trago!

Come on, let's have a drink!

Allez viens, buvons un coup !

Non scordati mai di essere ospitale.

Будь гостеприимным хозяином – не отказывайся.

Artikel 12

Jede Jeck es anders.

Jeder Mensch hat einen Vogel

Cada uno es como es

Nobody´s perfect!

Personne n´est parfait

Niemand is perfect.

Die Geschichte vom Proviant

MAKABERES

Ein Schotte macht mit seiner Gattin eine Mittelmeer-Kreuzfahrt. Bei einem Orkan vor den griechischen Inseln kentert das Kreuzfahrtschiff und geht unter. Der Schotte rettet sich mit einem Holzbalken an Land. Bei den folgenden Recherchen wird seine Ehegattin leider nicht gefunden. Tiefseetaucher suchen tagelang nach der Vermissten - ohne Erfolg. Der Schotte hinterlässt seine Adresse und Telefonnummer und reist zurück in seine Heimat. Nach Monaten bekommt er ein Telegramm von der griechischen Reederei:
HABEN IHRE FRAU GEBORGEN. STOPP. GANZ MIT AUSTERN UND MUSCHELN ÜBERSÄT. STOPP. WAS SOLL DAMIT GESCHEHEN? STOPP. Der sparsame Schotte schickt der Reederei folgendes Telegramm:
AUSTERN UND MUSCHELN VERKAUFEN. STOPP. KÖDER WIEDER AUSWERFEN. STOPP.

Zwei Skelette kriechen um Mitternacht aus ihren Gräbern und wollen eine Runde Motorradfahren. Sie sitzen schon auf den Maschinen, als das eine Skelett noch einmal absteigt, auf dem Friedhof verschwindet und nach einer Weile - mit dem Grabstein beladen - wieder zurückkommt. „Was soll das denn jetzt?" fragt das andere Gerippe. Antwortet das zweite: „Ich fahre nie ohne Papiere!"

SCHILDKRÖTE

Ein 60-jähriges Ehepaar sitzt auf einer Bank am Waldesrand. Da erscheint eine Fee aus dem Wald, die spricht: „Ihr seid so ein nettes Ehepaar und seid euch schon 40 Jahre treu. Ich möchte euch gern einen Wunsch erfüllen!" Der Ehemann antwortet voreilig: „Ja, ich hätte einen Wunsch. Ich möchte gern eine Frau, die 30 Jahre jünger ist!" Die Fee meint: „Das sollst du haben!" - Und Zack! - Da ist er 90.

Ein Fernfahrer trifft einen Kollegen beim Imbiss."Du strahlst ja so!?" „Ja, ich besuche jetzt meine Geliebte. Der Ehemann ist auf Dienstreise. Sie hat schon ein Bad eingelassen, begrüßt mich mit einem Whisky bei leiser Musik, bevor es zur Sache geht." „Na, dann viel Vergnügen!" Als er sich bei seiner Geliebten gerade ausgezogen hat, geht der Schlüssel im Schloss und der Ehemann kommt herein. Sie:„Zieh schnell den weißen Kittel an, geh dort ins Arbeitszimmer und bügele! Ich sage, du bist der Mann vom Bügeldienst!" Er bügelt 2 Stunden Wäsche, während der Ehemann das Vollbad, den Whisky und den Liebesakt genießt.Wieder zurück beim Imbiss meint sein Kollege: „Warum machst du so ein mürrisches Gesicht?" Er berichtet ihm die Misere: "Und dann habe ich 2 Stunden Wäsche gebügelt..." Da klopft ihm sein Kollege auf die Schulter: „Beruhige dich mal. Das war die Wäsche, die ich gestern waschen durfte!"

HEY, BIG SPENDER!

Ein junger Mann kommt als Samenspender in eine
Samenbank, meldet sich an, wird untersucht und be-
kommt dann eine Porno-Zeitung und ein Reagenzglas.
„Bitte Kabine 4." sagt die Schwester.
„Schwester, das Reagenzglas ist wirklich etwas klein.
Haben sie nicht etwas Größeres?" Die Schwester
schaut in der Teeküche nach und erscheint mit einem
leeren Gurkenglas. „Das ist ok", meint Kabine 4.
Eine halbe Stunde lang hört die Schwester nur Stöh-
nen und Ächzen aus Kabine 4. Es öffnet sich die Tür:
„Schwester, hätten sie mal ein Handtuch für mich?"
Die Schwester bringt ihm ein Handtuch. Wieder eine
halbe Stunde furchtbares Gestöhne. Er öffnet wieder
die Tür: „Schwester, können sie das Handtuch mal et-
was anfeuchten?" Sie reicht ihm das nasse Handtuch.
Man hört den jungen Mann wieder heftig stöhnen.
Der Oberarzt, der vorbeikommt, fragt die Schwester,
was los sei. Sie berichtet das Vorgefallene, worauf der
Oberarzt an Kabinentür 4 klopft und fragt:„Sie, junger
Mann, haben sie irgendwelche Probleme?"
Der öffnet die Tür und antwortet: „Gut, Herr Doktor,
dass sie kommen. Können sie mir mal helfen?
Ich kriege das verdammte Gurkenglas nicht auf!"

Eine junge Ehefrau ist enttäuscht von ihrem ehelichen
Sexleben. Sie bespricht das mit ihrer Freundin, die ihr
rät, Reizwäsche zu kaufen, um so den Ehemann zu
mehr Erotik zu inspirieren. Sie geht in ein Dessous-
Geschäft und kauft sich schwarze Unterwäsche: Slip,
BH, Strapse und Strümpfe. Alles in verführerischem
Schwarz, zieht es zu Hause an und legt sich ins Ehebett. Der Ehemann kommt nach Feierabend heim,
sucht seine Frau in der Küche, im Wohnzimmer und
im Bad. Als er sie im Ehebett liegen sieht - ganz in
Schwarz - fragt er: „Is was mit Oma?"

Eine untreue Gattin hat Besuch von ihrem Geliebten.
Er ist bereits nackt, als der Ehemann vorzeitig nach
Hause kommt. Geistesgegenwärtig schreitet er mit
klatschenden Händen - nackt - durch die Wohnung.
„Wer sind sie denn?" entrüstet sich der Ehemann.
Total cool antwortet der: „Ich bin der Kammerjäger.
Sie haben die ganze Wohnung voller Motten!"
„Aha", wundert sich der Ehemann. „Aber warum sind
sie denn nackt?" Antwort: „Meine Kleidung haben
die Motten bereits aufgefressen!"

Zwei Prostituierte zusammen in der Sauna. Meint die
eine: „Igittigitt! Du hast ja den ganzen Hintern voller
Pickel!" Erwidert die andere: „Was heißt hier Pickel?
Das ist die Preisliste für die Blinden!"

ROULETTE AUF FRIESISCH

„Du, Fiete, ich bin neulich inner Spielbank gewesen. Habe mir für 100 Euro so bunte Plastikscheiben geben lassen und mich an so nen grünen Täbel gesetzt", berichtet Hein etwas undeutlich lispelnd. „Ich wusste gar nicht, was ich nun machen sollte; da tippt mich so'n Herr in Börsengrau von hinten an und flüstert mir zu: „Setzen sie alles auf die 13!" Ich drehe mich um und denke mir: Na, dem kannste woll vertrauen! und schiebe alle Plastikdinger auf die 13. Die Kugel rollt. Der Krupjee ruft: Rieng ne wa plü! Und was denkste? Es kommt die 13! Ich einen Haufen Plastikchips vor mir und weiß gar nicht, was ich jetzt machen soll. Da tippt mir der Herr in Börsengrau wieder auf die Schulter und raunt: „Alles auf die 13!"

Ich schiebe die bunten Plastikchips wieder auf die 13.
Die Kugel rollt. Der Krupjee ruft: Rieng ne wa plü!
und , Fiete,was meinste? Es kommt wieder die 13!"
Fiete meint: „Ist ja irre!" Hein: „Ich einen Riesenberg
bunter Scheiben vor mir und denke: was mach ich
jetzt? Da tippt mich der Herr in Börsengrau wieder an
und wispert: „Jetzt die 14!" Also ich schiebe alles auf
die 14. Die Kugel rollt. Der Krupjee ruft: Rieng ne wa
plü! Und, Fiete, was denkste? Es kommt die 13!!!"
Meint Fiete: „Dem Kerl in Börsengrau hätte ich ja vor
Wut die Eier abgebissen!" Lispelt Hein:„Was denkste,
was ich hier inner Backe habe!?"

ZITATE

Die Länge eines Spielfilms sollte in einem direkten
Verhältnis zum Fassungsvermögen der menschlichen
Blase stehen.
Alfred Hitchcock

Für seinen Hund ist jeder Mensch NAPOLEON.
Darum sind Hunde so beliebt.
Aldous Huxley

Es ist eigenartig, dass jeden Tag gerade so viel
passiert, wie in eine Zeitung passt.
Karl Valentin

Ich habe einen ganz einfachen Geschmack. Ich bin
immer mit dem Besten zufrieden.
Oscar Wilde

Um ein tadelloses Mitglied einer Schafherde zu sein,
muss man vor allem ein Schaf sein.
Albert Einstein

Bei Flugreisen empfiehlt es sich, immer vorn zu
sitzen. Dann kommt beim Absturz der Getränkewagen
noch einmal vorbei.
Ingolf Lück

Z I T A T E

Über das Kommen mancher Leute tröstet uns nichts
als die Hoffnung auf ihr Gehen.
Marie von Ebner-Eschenbach

Lebenskunst ist die Kunst des richtigen Weglassens.
Das fängt beim Reden an und endet beim Dekollete.
Coco Chanel

Der schnellste Weg zum Selbstvertrauen ist es,
anderen Menschen ihre Defizite bewusst zu machen.
Gene Wilder

Ich glaube, die beste Definition für den Menschen
lautet: undankbarer Zweibeiner.
Fjodor Dostojewski

Nicht die Hoffnung stirbt als Letztes, sondern der
Erbonkel.
Georges Simenon

Wenn man im Mittelpunkt einer Party stehen will,
darf man nicht hingehen.
Audrey Hepburn

Man kann einen Garten nicht düngen, indem man
durch den Zaun furzt.
Marcel Reich - Ranicki

SCHMERZLICHER IRRTUM

Die Beinchen dick mit Mull verbunden
ein Glühwurmmännchen traurig saß;
auch war sein Bäuchlein ganz zerschunden,
bis in die Fühler war es blass.
Die alte Feldmaus Irmgard Klette
kam g'rad auf einen Klön vorbei
und sagte: „Anatol, ich wette,
du warst bei einer Schlägerei!"
„Ach Unsinn", sagte der Blessierte,
„ich hasse Brachialgewalt.
Nimm Platz und höre, was passierte,
es hat den Anschein, man wird alt...
Vorgestern streife ich gemütlich
still vor mich leuchtend durch den Hain,
da sehe ich, unsagbar niedlich,
ein Glühwurmmädchen, dessen Schein
war magisch, wie ich's nie gesehen.
Der Abendstern ist nicht so schön.
Da war es schon um mich geschehen,
ich musste einfach zu ihm geh'n.
Jedoch anstatt wie FAUST zu fragen,
als er das GRETCHEN einst erblickt:
„Mein schönes Fräulein, darf ich's wagen...",
tat ich es nicht. Ich war verrückt!

SCHMERZLICHER IRRTUM

Von Sinnen brachte mich die Kleine,
ich war verliebt, auß' Rand und Band!
Ich dachte: Diese oder keine!
Gleich hat die Gier mich übermannt.
In meinen schon gesetzten Jahren -
da sieht man nicht mehr so genau.
Ich sah nur auf den wunderbaren
Karfunkelstein der süßen Frau.
Von hinten hab' ich sie umschlungen
und drückte fest sie an mein Herz,
doch gleich bin ich zurückgesprungen.
Ich spürte einen wilden Schmerz
und warf mich in das Moos und stöhnte.
Spät wurde mir der Irrtum klar,
dass nämlich die von mir Ersehnte
ein Zigarettenstummel war!"

(Robert T. Odeman)

W a s s a g t d e r S a c h s e z u

„ O r g a s m u s " ?

> **F ä r t s c h !** <

U n d d a n n s a g t e

E m m i z u A u g u s t :

" No, dos hoste nu davon:

du bist miede un isch bin

kläbrisch!"

>>>>>>>>>>>>>>>>>>>><<<<<<<<<<<<<<<<<<<<

SKIZZEN VON 1963

84

86

W U R Z E N
geht in die Literaturgeschichte ein

Oft geht in die Geschichte ein
ein Ort, durch einen kurzen
Moment, an sich so winzig klein...
Wie steht es nun mit W u r z e n ?
Bisher hat diese brave Stadt
kaum achtbare Akzente,
die ein Chronist zu buchen hat.
Als einziges, er könnte
den wunderschönen Dialekt
dort rühmen besten Falles,
der unserm Ohr so köstlich schmeckt,
das wäre dann auch alles.
Im „Urfaust" sagt zwar Goethe mal,
verdrossen vom Verkehre,
es sei sehr langsam und fatal
dort auf dem Fluss die Fähre.
Napoleon schlief eine Nacht
in W u r z e n an der Mulde,
verlor bei Leipzig drauf die Schlacht.
War W u r z e n etwa schulde?
Und dann geschah lang gar nichts mehr.
Das Städtchen döste sachte -
bis eines Tags bei Bötticher
der Storch ein Knäblein brachte.

W U R Z E N

Am siebten Achten zum Kaffee
im Jahre dreiundachtzig,
da ging's mit W u r z e n in die Höh'.
Das Schicksal sprach: Es macht sich.
Es selber ahnte aber nicht -
wer - damals dort geboren -
war eigentlich der kleine Wicht,
kam später ihm zu Ohren.
Ein schrullig Kind, verschnickt, verschnackt,
ein Nasenkauz, ein kleiner,
verhuscht und maritim verpackt,
und doch ein wunderfeiner.
Der kleine Hans bei Böttichers
ging ein in die Geschichte;
er kritzelte manch frechen Vers
und herrliche Gedichte.
Und W u r z e n ist nicht mehr ein Platz,
an den der Spott sich kettet.
Sein Sohn J o a c h i m R i n g e l n a t z
hat es davor gerettet.

(Robert T. Odeman)

WITZE

Der kleine Paul fragt seine Mutter: „Mama, können Ziegen verreisen?" „Nein, mein Junge!" Er fragt weiter: „Mama, kann der Rhein donnern?" Mutter antwortet:„Nein, Paulchen!" Nach der nächsten Frage: „Mama, kann die Heide wackeln?" wird es der Mutter zu bunt: „Paulchen, was sollen diese Fragen?" Paul: „Gestern habe ich gehört, wie Papa zu unserer Putzfrau gesagt hat: „Warte, wenn die alte Ziege verreist ist, dann donner ich dir einen Rhein, dass die Heide wackelt!"

Opa im Krankenhaus hat Besuch von seinen Verwandten. Die Frage nach dem Essen beantwortet er: „Könnte nicht besser sein!" Und die Schwestern? Opa: „Ganz toll! Kümmern sich ganz lieb. Abends bekomme ich heißen Kakao und eine Viagra." Später fragt der Besuch die Oberschwester, ob das stimmt. „Ja, vom Kakao kann er gut einschlafen und mit der Viagra rollt er nicht aus dem Bett..."

Zwei Fledermäuse hängen nachts im Gebälk einer alten Burg. Da meint die eine Fledermaus: „Uuh, ich habe solche Angst!" Die andere Fledermaus fragt: „Na, wovor hast du denn Angst?" „Vor Inkontinenz!"

Warum gehen Ameisen nicht in die
Kirche?
SIE SIND INSEKTEN.

Macht ein Typ ein Mädchen in der Disco
an:
„Ey, Du, ich bin sooo schlecht im Bett,
das m u s s t Du mal erlebt haben!"

Drum prüfe, wer sich klebrig findet,
ob das beim Duschvorgang verschwindet.

Meine Damen,
ein Hinweis zum Thema „Lidschatten" :
Der Grat zwischen
„verruchten Smokey Eyes"
und
„versoffene Cracknutte"
ist schmal.
Sehr schmal.

Ein Mann in der Kneipe trinkt 2 Bier.
Dann muss er pinkeln. Auf dem Pissoir
stellt er sich an das Urinal in der Mitte
und sieht, dass der ältere Herr links neben
ihm 2-strahlig pinkelt. Der Rentner :"Sie
wundern sich wohl, aber das ist eine alte
Kriegsverletzung!" Er schaut nach rechts.
Dieser Herr pinkelt 15-strahlig und er
fragt den:"Alte Kriegsverletzung?"
„Nee", antwortet der Besoffene, „isch
krigg den Reißvaschluss nisch uff!"

Nach seinem Ableben landet der Papst im
Himmel. Er darf auf einer weißen Wolke
sitzen und Harfe spielen.Zum Mittag gibts
eine Schale Quark. Er sieht runter. In der
Hölle gibt es Spießbraten mit Kraut und
Klößen, Entenbrust mit Rotkohl,T-Bone-
Steak. Er bekommt Quark. Er beschwert
sich beim Chef: "In der Hölle gibt es so
leckeres Essen.Warum kriege ich Quark?"
Da meint Gott: „Denkst du, ich koche
allein für uns beide?"

ÜBERTREIBUNGEN

In dem Intercity von Frankfurt nach Basel sitzen drei Herren im Bistrowagen und trinken reichlich Wein. Dabei kommen sie ins Gespräch.Der Erste ist ein Amerikaner und gibt furchtbar an: „Wir Amerikaner sind die Elite! In Amerika kenne ich einen Architekten, der hat ein Gebäude konstruiert, 40 Etagen hoch - und nur aus Stahl und Glas! Genial!" Der Zweite, ein Franzose, meint aufschneiderisch: „Wir Franzosen sind die Besten! Unsere Ingenieure haben ein Flugzeug entwickelt, das fliegt zweimal schneller als der Schall. So etwas können nur Franzosen!" Der Dritte, ein Schweizer, sitzt bewundernd daneben und meint bescheiden auf Schwyzerdütsch: „No,do konn ich jo gor nich mitholten. Aber ich erinnere mich: do giabts anen Mann in dr Schwyz, dr hot an Glied, darauf können sieben Raben Platz nähmen."

Der Ami ist sehr beeindruckt und meint, seine Aussage etwas revidieren zu müssen, indem er bescheidener wird: " Oh, sorry, meine Herren, ich hatte a little bit übertrieben. Das Gebäude aus Stahl und Glas besteht nur aus zwanzig Etagen!"
Auch dem Franzosen tut seine Übertreibung leid und er meint entschuldigend:
„O, Pardon, mes amis, isch muss meine Aussage auch etwas reduzieren;das Flugzeug der französischen Ingenieure fliegt nur 1 Mal schneller als der Schall."
Der Schwyzer ist sehr erstaunt und weiß gar nicht so recht, was er jetzt dazu beitragen soll. Nach einem kurzen Moment des Überlegens meint er lakonisch:
„Jo, meine Härren, wenn ich denn so gonz ährlich sein soll: der siebte Rabe sitzt ein wenig unbequäm!"

Jacko, ein Graupapagei, ist hochbegabt.
Er kann lesen und sprechen. Als seine
Besitzer, Familie Gröpendöhl, nach einem
Ausflug nach Hause kommen, steht ein
Tank-LKW vor ihrer Haustür und hat
30.000 Liter Heizöl geliefert. Der Tank-
wart meint, die Bestellung sei telefonisch
erfolgt. Im Haus liegt der Telefonhörer daneben und Jacko sitz auf der Stange.
„Wenn du noch einmal Heizöl bestellst,
du Wahnsinns-Papagei, dann nagele ich
dich kopfüber an die Wand!" Nach etwa
einem Jahr besuchen die Gröpendöhls den
internationalen Kirchentag in Hamburg.
Zu Hause steht zu ihrem Entsetzen wieder
ein Tankwagen vor ihrem Haus, der
30.000 Liter Heizöl geliefert hat. Herr
Gröpendöhl schnappt sich Hammer und
Nagel und Papagei, den er wütend an die
Wand nagelt. Kopfüber. Jacko sieht zur
Seite. Da hängt das Kruzifix. Jacko: „Na,
haste auch 30.000 Liter Heizöl bestellt?"

SPRÜCHE

Lust auf Lecken, Schlucken, Beißen ?
Dann komm vorbei !
Es gibt Tequila - Party !

Heidi Klum zum next Top - Model:
„Komm, bring dein Knochenmobile in
Gang!"

Jesus verwandelte Wasser in Wein.
Ich kann Bargeld in Kassenbons verwan-
deln !

Robert Geißen ist die Stradivari...
unter den Arschgeigen !

Senioren - Reisen:
Mit dem Treppenlift zum Matterhorn.

Was haben ein kurzsichtiger Gynäkologe
und ein gesunder Hund gemeinsam?
Immer eine feuchte Nase.

(von Seite 26 und 27)

Buchstaben im Alphabet

Weltwunder

Sternzeichen

Planeten im Sonnensystem

Grundrechtsartikel im GrundGesetz

Grad Celsius ist die Temperatur, bei der Wasser gefriert

Löcher auf dem Golf-Platz

Grad im Rechten Winkel

Quartale in einem Kalender-Jahr

Stunden hat der Tag

Räder hat ein Fahrrad

Spieler in einer Fußball-Mannschaft

Tage hat der Februar im Schalt-Jahr

Karten in einem Skat-Blatt

Felder auf dem Schach-Brett

Finger an einer Hand

Bundes-Länder hat Deutschland

Sekunden in einer Minute

Weisen aus dem Morgenland

Wege führen nach Rom

Drei Wünsche

Ein grantig Jüngferlein spazierte
mit finst'rer Miene durch den Wald.
Es brummelte und meditierte:
„Jetzt, wo ich fünfzig Jahre alt,
da kommt kein Freier mehr in Frage,
sie meiden mich geflissentlich.
Mein Leben ist nur eine Plage...“
Sie räsonierte fürchterlich.

Der Zufall spielt absurd im Leben.
Es kam die gute Fee daher,
die wollte einen Trost ihr geben
und sprach:"Du tust mir leid,komm her.
Drei Wünsche will ich dir erfüllen,
jetzt such dir etwas Schönes aus,
nur überleg es dir im Stillen.
Beschlaf es dreimal, geh nach Haus!“

Misstrauisch wie so viele Leute
entgegnete die Alte:"Nein!
Erfülle mir die Wünsche heute.
Das kann ja auch ein Schwindel sein!“

Da runzelte die Fee die Brauen
und sagte:"Wie du willst, na schön,
du hast zu mir zwar kein Vertrauen,
doch wähle und es soll gescheh'n."

„Ich finde alles Warten grässlich,
erfüll den Ersten mir sofort.
Reich will ich werden, unermesslich!"
Da sprach die Fee:"Ich gab mein Wort.
Nimm diesen blanken Scheck entgegen,
trage die Summe selber ein.
Jetzt musst du klüglich überlegen:
was darf es denn noch weiter sein?"

„Du sollst mich jung und schön gestalten.
(Das Luder sagt nie: Bitte sehr!)
Die Fee erfüllte das der Alten
und sprach:"Was möchtest du noch mehr?
Und von Besitzwut schier zerfressen,
nachdem auch dieser Wunsch erfüllt,

war sie auf „eins" nur noch versessen.
Jetzt wurde hektisch sie - und wild!

„Nun mache mir aus meinem alten
und braven Kater einen Mann.
Der soll mich in den Armen halten..."
„Von mir aus", sprach die Fee. Und dann
hat es Sekunden nur gedauert -
stand vor ihr plötzlich ein Apoll.
Sein Anblick hat sie heiß erschauert.
„Komm, küsse mich!" rief sie wie toll.

Sie streckt' die Arme ihm entgegen,
die Fee zog lächelnd sich zurück.
Der Bursche sagte:"Meinetwegen,
jedoch es wird kein reines Glück.
Wohl kann ich an die Brust dich pressen,
doch das ist alles, was passiert.
Ich wurd', das hast du wohl vergessen,
auf deinen eig'nen Wunsch kastriert!"

(Robert T. Odeman)

WITZE

Silke fährt nach Kitzbühel in den Ski-Urlaub.
Sie wohnt in einem netten 4-Sterne - Hotel mit
Halbpension und meldet sich in der Skischule
an. Der Skilehrer ihrer Gruppe hat den fatalen
Namen „Robert Neuschnee" und er gefällt ihr
sehr gut. Nach vierzehn Tagen erhalten ihre Eltern eine hübsche Postkarte aus Kitzbühel, auf
der Silke schreibt: " Liebe Eltern! Das Hotel ist
zauberhaft. Das Essen schmeckt prima. Und
jeden Tag gibt es 2O Zentimeter Neuschnee!"

Hein trifft Fiete.
„Du, Fiete, ich war neulich mal mit meiner
Frau in Hamburg. Wir haben einen schönen
Spaziergang an der Binnenalster gemacht und
anschließend noch einen Stadtbummel.
Wir kamen an einem Kino vorbei.
Darüber war ein Plakat mit dem Titel:
  1OOO NEUE STELLUNGEN
    Eintritt frei
Wir waren schon ganz erregt und gingen rein!"
„Na, und?" fragt Fiete. Hein:
„Dann war's ein Demo-Film vom Arbeitsamt!"

Nach der Heirat trägt der Ehemann seine Ange-
traute über die Schwelle der neuen Wohnung.
Im Flur setzt er sie ab und sagt aufklärend: „So,
meine liebe Frau. Damit du Bescheid weißt:
Hier haben jeden Tag um halb fünf meine Pan-
toffeln zu stehen,egal ob ich da bin oder nicht."
Dann führt er sie ins Wohnzimmer:" So, hier,
meine liebe Frau, hat jeden Tag um fünf Uhr
ein Glas und eine gutgekühlte Flasche Bier zu
stehen, egal ob ich da bin oder nicht." In der
Küche meint er:"Hier hat jeden Tag um 18 Uhr
eine warme Mahlzeit zu stehen, egal ob ich da
bin oder nicht!"
Da reicht es der jungen Ehefrau, sie packt ihren
Gatten am Arm und zerrt ihn ins Schlafzimmer.
„So, mein lieber Mann, siehst du dort das große
Doppelbett? Da wird jeden Tag nachmittags ge-
vögelt, egal ob du da bist oder nicht!"

Ein 6O-jähriger heiratet eine 2O-jährige und in
der Hochzeitsnacht meint er, ihr einen Wunsch
zu erfüllen.Sie: Ich hätte gern einen Orgasmus!
Daraufhin empört er sich: „Also, ich erfülle dir
jeden Wunsch, aber ein Grieche kommt mir
nicht ins Haus!"

EIFERSUCHTSDRAMA

Die Ehe ist kein Kinderspiel,
denn was Herrn Meier so gefiel -
mit and'ren Frau'n sich amüsieren -
ging der Frau Meier an die Nieren.
Sie litt mit übergroßer Wucht
an diesem Leiden "Eifersucht"!
Jedoch ihr liebster Ehegatte
legte so manche auf die Matte.
Mit seinem flotten Macho - Charme
lag ihm fast jede gleich im Arm.
Frau Meier tat darunter leiden
und wollte dies in spe vermeiden.
Für sein ewiges " Betrügen „
muss er doch seine Strafe kriegen!
Von Eifersucht schon ganz zerfressen
mischte sie Gifte in sein Essen.
Sie wollte auch ganz sicher geh'n
und nutzte dazu das Arsen.
Der treulose Gatte schied dahin,
Genugtuung war ihr Gewinn.

Doch schon nach vierzehn einsam' Tagen
tat sie die große Reue plagen.
Sie lief zum Friedhof, wollt' Vergebung,
vom Gräber eine Grabaushebung.
Die Trauer - Witwe tat ihm leid.
Er schaufelte 'ne lange Zeit,
erreicht den Sarg und öffnet ihn:
doch war da keine Leiche drin !
Ein Stück Papier in ihrer Hand,
worauf nur schnell gekritzelt stand:

> Du wirst es nicht fassen.
> Ich kann es nicht lassen!
> Liege drei Gräber weiter
> bei Frau Reuter.

ORH+   RENATE HEBERLE

Drei   Bauernsöhne

Ein Bauernsohn kommt zum Papa.
Er wünscht sich schon seit einem Jahr
ein Sport-Coupe, doch Vater spricht:
„Mein Sohn, den Wagen kriegst du nicht!
Du weißt, der neue Traktor ist
noch nicht bezahlt. Das ist der Mist!"

Dann kam der zweite von den Knaben
und wollte ein Motorrad haben.
„Mein Sohn",sprach Vater, „du vergisst,
dass der Traktor abzuzahlen ist !
Solange dieses nicht gescheh'n,
musst du noch flott per pedes geh'n!"

Der kleinste von den Bauerssöhnen
wollte seinen Wunsch erwähnen:
„Ach, Papa, ich jetzt mit acht Jahren
würde gerne Kettcar fahren !"
Der Vater meint: „Beim besten Willen
kann ich den Wunsch noch nicht erfüllen.
Du musst noch auf das Kettcar warten!
Ich zahle ab die Traktor - Raten!"

Der Kleine findet dieses doof
und wandert hin zum Hühnerhof.
Dort sieht er - wie der Hahn erhitzt
hoch hinten auf der Henne sitzt.
Der Kleine tritt - schnell wie ein Pfeil -
den geilen Hahn ins Hinterteil.
„Weil Paps den Traktor zahlen muss,
solange gehst auch d u zu Fuß !"

IRREN IST....

MÄNNLICH

SAGT DER

IGEL

UND

STEIGT

VON DER

KLOBÜRSTE

Auch in der DDR hatte etwa 1970 die moderne Technik Einzug gehalten. Der Taschenrechner! In einem Haus in Ost-Berlin nahe Checkpoint-Charlie soll der Wachposten ein Haus im Westen observieren. Der Genosse Funktionär erklärt ihm die Funktion des Taschenrechners. "Also, wenn 5 Leute ins Haus gehen, drückt man + 5.Wenn jemand das Haus verlässt,drückt man -1. Für das Ergebnis die Taste = drücken. Wenn auf dem Display 0 erscheint, ist das Haus leer. Verstanden? Ich komme heute nachmittag wieder!" Der Wachposten beginnt seinen Auf-trag. Er beobachtet 3 Leute, die ins Haus gehen und er drückt +3. Nach ein paar Stunden geht 1 Person ins Haus. Er drückt +1. Ergebnis= + 4. Am Nachmittag beobachtet er, dass 6 Personen das Haus verlassen. Er drückt gerade - 6 , als der Genosse Funktionär zurückkehrt. „Na, sind sie mit dem neuen Taschenrechner klargekom-men? Und was ist drüben im Westen passiert?" Auf dem Rechner steht jetzt das Ergebnis - 2. Der Wachposten stutzt, überlegt und meint: „Wenn jetzt 2 Leute reingehen, ist das Haus wieder leer!"

DDR 1970

Eine Schulklasse in Chemnitz.
Die Lehrerin berichtet den Kindern, dass am nächsten Tag der Schulrat zu Besuch kommt, und wer denn ein Gedicht aufsagen könne. Der kleine Paul meldet sich:
„Unsere Katz' hat Junge
  viere an der Zahl.
  Drei sind Kommunisten
  und eins ist liberal !"
Die Lehrerin ist begeistert.
Am nächsten Tag erlebt der Schulrat eine Schulstunde in dieser Klasse und danach wird Paul gebeten, sein Gedicht aufzusagen.
„Unsere Katz' hat Junge
  viere an der Zahl.
  Dreie sind im Westen
  und eins ist nicht normal!"
Die Lehrerin ist entsetzt. „Aber Paul ! Gestern hast du das Gedicht ganz anders vorgetragen!?"
Paul: „Ja. Aber gestern waren unsere Kätzchen ooch noch blind!"

JÄGERMEISTER

Zum Pfingstfest wünscht sich die Frau des
Oberförsters Hasenbraten. Ihr Mann schultert
das Gewehr und macht sich auf den Weg. Im
Wald bei seinem Hochstuhl angekommen, ent-
deckt er noch eine volle Flasche Jägermeister
und gönnt sich davon einiges. Irgendwann ist
die Flasche leer und der Oberförster voll. Er
kann nichts mehr schießen, torkelt durch das
Dorf nach Hause. Dort sieht er beim Metzger
zwei fette Hasen hängen und weil er nicht mit
leeren Händen heimkommen will, kauft er diese beiden Hasen. „Sieh mal, Frau, hier hast du
zwei schöne Hasenbraten!" Seine Frau ist begeistert davon, aber etwas später kommen ihr
Zweifel: „Sag mal, Horst, wenn du diese Hasen eben geschossen hast, wieso ist denn das
Fell schon abgezogen?" Mit dieser Frage hat
der Oberförster nicht gerechnet und er stottert:
„Ja, Erika, das war so: als ich dort auf meinem
Hochstuhl war, sah ich diese beiden Hasen
beim Rammeln und habe gerufen:
Einen Moment, meine Herrschaften, gar nicht
erst anziehen! Sie werden sofort erschossen!!"

Beim Zahnarzt war ein Patient, der vor lauter
Angst heftige Blähungen bekam, die sehr inten-
siven, schlechten Geruch verbreiteten. Um die
unangenehme Luft zu verbessern, sprühte die
Arzthelferin „Fichten-Duft".
Der nächste Patient ist ein Förster. Er liegt im
Behandlungsstuhl, schnuppert etwas und meint
verwundert:"Wenn ich nicht genau wüsste,dass
ich hier beim Zahnarzt bin, würde ich meinen,
es hat jemand in die Schonung geschissen!"

Frau Küster kommt zum Arzt und jammert:
„Herr Doktor, ich habe Probleme mit meinem
Körper!" „Dann machen sie sich mal frei, Frau
Küster!" Sie entkleidet sich sehr verschämt.
Der Arzt staunt nicht schlecht, als er ihre Busen sieht. Ein Busen ist normal, der andere Busen hängt lang fast bis zum Knie. „Wie kommt
denn das?" fragt er die Patientin. Sie antwortet
peinlich berührt: "Mein Mann saugt abends so
gerne an meiner Brustwarze." „Aber das macht
doch jeder Mann gerne. Ist ganz normal."
„Ja, Herr Doktor, aber wir haben getrennte
Schlafzimmer!"

BRATHÄHNCHEN AUS ISERNHAGEN

Ein Gast sitzt im Imbissrestaurant. Er bestellt beim Ober ein Brathähnchen:„Aber ich esse nur die Hähnchen aus Isernhagen!" Nach dem Servieren steckt der Gast den Zeigefinger dem Hahn ins Poloch, leckt den Finger ab und sagt: „Das esse ich nicht! Das Hähnchen stammt aus Kleinburgwedel!" Der Ober bringt das zweite Hähnchen. Dieselbe Prozedur. Finger in den Arsch. Ablecken. „Dieses Hähnchen ist aus Fuhrberg, nicht aus Isernhagen! Das esse ich nicht!" Das dritte Brathähnchen wird serviert. Finger in den Arsch. Ablecken. Der Gast meint zufrieden: „Dieses Brathähnchen stammt aus Isernhagen. Das schmecke ich! Es ist ok!"
Ein Betrunkener am Nebentisch meint lallend: „Entschuldigen sie. Können sie das - Hick! - auch mal mit mir machen. Hick! Ich weiß nicht mehr, wo ich wohne!"

Wenn das Leben dir in den Arsch tritt,
nutze den Schwung, um vorwärts zu
kommen !

Wenn das Leben dir „Zitronen" bietet
dann frage nach Tequila und Salz !

Wenn jemand zu dir sagt: - Die Zeit
heilt alle Wunden!- dann hau ihm eins
ins Maul und tröste ihn: Warte, ist ja
bald wieder gut!

Wenn jemand zu dir sagt: Du bist das
Letzte! Dann grinse und sag: Ja, ich
weiß. Das Beste kommt immer zum
Scluss!

„War denn keine Bedienungs-
anleitung in der Packung??“

D E R B Y

Zwei Pferdebesitzer stehen beim Pferderennen auf dem Sattelplatz und warten auf die Jockeys. „Mein Pferd hat 2 Schaufeln Hafer extra zu fressen bekommen, damit es das Rennen gewinnt! Und deins?" meint Herr Knösebeck. „Mein Ross hat zehn Liter Bier zu trinken bekommen!" antwortet Herr Schlotterknüll. Knösebeck: "Und du meinst, damit kann es gewinnen?" „Nö", antwortet Schlotterknüll. „Aber mein Pferd ist immer das Lustigste am Start!"

HEIN und FIETE

„Du Hein, mir ist neulich etwas Irres passiert!
Ich war beim Pferderennen und treffe einen
alten Kumpel. Wir standen bei den Ställen, da
sehe ich, dass mein Schnürsenkel offen ist. Ich
bücke mich, da kommt ein Jockey und sattelt
mich." Hein: "Und was ist dann passiert?"
Fiete: „Ja, stell dir vor: ich habe den Dritten
gemacht!"

Ein Stotterer bewirbt sich auf das Inserat eines großen Kaufhauses: VERKÄUFER GESUCHT Das Gespräch beim Personalchef verläuft ziemlich schleppend. Allerdings gibt der Personalchef dem Bewerber eine Chance,nimmt ihn mit in die Herren-Konfektionsabteilung. Dort hängt ein außergewöhnliches Ensemble: Gestreifte Hose, geblümtes Jackett, lila Oberhemd und rot grün-gepunktete Krawatte. „Wenn sie dieses Ensemble verkaufen, stelle ich sie ein!" (Das verkauft der nie!) denkt sich der Personalchef und lässt den Probanden dort, damit er sein Verkaufstalent beweisen kann. Noch dazu mit dem Sprachfehler.

Nach 1 Stunde erscheint der Bewerber im Personalbüro und sagt: „V - v - v - v - verk - k - k- kauft!"   Der erstaunte Personalchef: „Meinen sie dieses Ensemble, das ich ihnen zeigte?"

„ D - d - d - doch! V - v - verk - k - kauft!"
Der Personalchef ist fassungslos: „Aber der Kunde - hat der irgendetwas dazu gesagt?"

„N - n - n - nein. N - n - n - nur   d - d - der
B - B - Blindenh - h - hund   h - h - at   etwas
g - g - g - g - gek - k - k - knurrt!"

IM SCHWIMMBAD

Ein stotternder Badegast wendet sich im Schwimmbad an den Bademeister: „T - T - T - T - Tauchen...“ Der Bademeister hat Mitleid mit ihm und taucht ihn unter Wasser. Er kommt prustend wieder hoch mit dem Text: „T - T - T- Tauchen...“ „Na, gut“, meint der Bademeister und drückt ihn nochmals unter Wasser. Als er wieder hochkommt und nach etwas Jappsen von sich gibt: „T - T - T - T - T - Tauchen...“ wird der Bademeister etwas unwirsch: „Jetzt reicht es aber langsam!“ und hält den Badegast 1 Minute unter Wasser. Als der - etwas blau angelaufen - wieder zu Atemluft kommt und „T - T - T - T - Tauchen...“ ausspricht, ist der Bademeister stinksauer und hält ihn jetzt 3 Minuten unter Wasser. Als er die Wasserleiche aus dem Becken gezogen, Wiederbelebung und Mund-zu-Mund-Beatmung gemacht hat, sind dieses die ersten Worte des Geretteten:
„T - T - T - T - Tauchen h - h - h - hat   m - m - m - mir d - d - der Arzt v - v - v - verb - b - b - boten!“

Ein unerfahrenes Ehepaar ist schon 8 Jahre verheiratet und immer noch kinderlos.

Der Ehemann ist verzweifelt und lässt sich auf Zeugungsfähigkeit untersuchen. Alles in Ordnung. Aber der Arzt hat für den schüchternen Mann einen Tipp. Sie sehen aus dem Fenster.

„Sehen sie dort unten die beiden Hunde auf der Grüninsel? So müssen sie ihre Frau einmal bespringen und richtig durchbummsen!"

Der Ehemann bedankt sich - etwas peinlich berührt - für diesen Tipp.

Nach einem Jahr begegnet der Arzt dem Mann, der stolz einen Kinderwagen schiebt.

„Na, Herr Drömdödel, das hat ja wohl geklappt"; meint der Arzt erfreut.

Der frische Familienvater flüstert: „Ja, Herr Doktor, aber das hat gedauert, bis ich meine Frau auf dieser Grüninsel hatte!"

OMA IN DER BANK

Oma in der Bankfiliale: „Ich hätte gern ein Gyros - Konto!"

Bankangestellter: „Das ist bei uns nicht Ouzo!"

Oma: „Was für ein Jamas!"

QUIETSCHEREI

Herr Ströthmann kommt zur Sprechstunde
beim Urologen.„Herr Doktor, ich habe seltsa-
me Beschwerden. Immer, wenn ich die Vorhaut
am Glied zurückziehe, dann quietscht es ganz
komisch!" Nachdem er sich ausgezogen hat,
führt er das dem Urologen vor. Der hört aber
kein Quietschen, obwohl er sein Ohr nah daran
hält." Doch", meint Ströthmann, „probieren sie
es einmal." Der Arzt streift die Vorhaut von der
Eichel und wieder vor, ein paarmal, hört aber
nix. Nun wird Schwester Karin hergebeten.
„Schwester Karin, streifen sie bitte mal die Vorhaut von der Eichel und dann vor und horchen
sie, ob sie Geräusche hören." Schwester Karin
tut das eine Weile - bis Ströthmann ejakuliert.
„Sie Ferkel, sie", flucht der Arzt, „wenn sie
geil sind, gehen sie gefälligst in den Puff!"
„Da war ich schon", antwortet Ströthmann
prompt „aber da nehmen sie meine AOK-Karte
nicht!"

Ein LKW - Fahrer hat von langer Fahrt heftige
Kreuzschmerzen,hält an einem BAB-Parkplatz
und macht etliche Liegestütz im Gras. Vor
Anstrengung bemerkt er gar nicht, dass ein
Citröen leise herangerollt ist. Der Fahrer - ein
Franzose - kurbelt das Fenster herunter und
meint süffisant: „Pardon, Monsieur. Madame
sein schon fort!"

Hasenmama ist in Urlaub gefahren.
Hasenpapa ist mit dem Sohn allein.
„So, mein Sohn, du bist jetzt alt genug. Ich
nehme dich mit ins Bordell!"
Im Hasenpuff hocken alle Hasendamen in einer
Reihe. Der Vater klärt den Sohn auf:
„Ich fange links an. Du guckst zu, wie es geht
und fängst rechts an. Und nicht vergessen:
wenn du fertig bist, immer DANKE sagen!"
Da das Rammeln der Hasen in emsiger
Schnelligkeit geschieht, ergibt sich folgender
Wortlaut: „Merci Madame! Merci Madame!
Merci Madame! Merci Madame! Pardon Papa !
Merci Madame! Merci Madame!"

LEIBWEH

Frau Lüders-Schniegenfittich hat heftige Leibschmerzen und sucht den Arzt auf. Der findet keine Ursache und erklärt ihr: „Beim nächsten Termin, gute Frau, bringen sie mal ihren Stuhl mit!"

Zu Hause meint Frau Lüders-Schniegenfittich zu ihrem Mann: „Der Arzt ist schon ein wenig seltsam. Er sagte, ich soll beim nächsten Mal meinen Stuhl mitbringen. Aber unsere Küchenstühle sind ja nun wirklich nicht mehr so doll. Ich nehme einen von Holtheuers nebenan mit, die haben so schöne Chippendale-Stühle!"

Zum nächsten Arztbesuch wandert Frau Lüders Schniegenfittich mit einem Chippendale-Stuhl. Der Arzt schlägt die Hände über dem Kopf zusammen: „Aber, gute Frau! Sie sollten doch i h r e n   S t u h l   mitbringen!"

Wieder zu Hause sagt Frau Lüders-Schniegenfittich zu ihrem Mann: „Du, Egon. Stell dir vor: der Doktor hat gemerkt, dass das nicht mein Stuhl war! Ich muss doch unseren klapprigen Küchenstuhl mitnehmen!"

LEIBWEH

Zum nächsten Arzttermin schleppt Frau Lüders Schniegenfittich ihren wackelnden Küchen-stuhl mit zum Doktor.

Der ist wieder total entsetzt über soviel Dumm-heit und klärt seine Patientin genau auf:

„Frau Lüders-Schniegenfittich, als ich sagte, sie müssen ihren S t u h l mitbringen, meinte ich ihren Stuhlgang, also auf gut deutsch: ihre K a c k e !" „Ach so", erwidert Frau Lüders-Schniegenfittich peinlich berührt.

Der Arzt meint: „Allerdings bin ich ab morgen vier Wochen in Urlaub. Der nächste Termin ist erst in fünf Wochen möglich!"

„Ist gut",erwidert Frau Lüders-Schniegenfittich und wandert mit dem klapprigen Küchenstuhl nach Hause.

Fünf Wochen später erinnert sie ihren Ehemann an den bevorstehenden Arztbesuch am folgen-den Tag: „Egon, morgen muss ich um 9 Uhr beim Doktor sein. Ich trage dann die 2 Eimer und du die beiden Koffer!"

Herr Willmerskötter hat ständig Schmerzen im rechten Unterarm. Sein Arzt hat gerade aus den USA das neueste Diagnose-Gerät erhalten. Ein wenig Urin vom Patienten und in wenigen Sekunden erstellt das Gerät die Diagnose. Etwas Urin von Herrn Willmerskötter hinein und die Diagnose heißt: Tennisarm! „So ein Quatsch", meint Willmerskötter ungläubig."Ich habe noch nie in meinem Leben Tennis gespielt!" „Gut, wir werden den Vorgang mit ihrem Morgenurin wiederholen. Ich gebe ihnen eine Plastikdose mit. Dann werden wir eine supergenaue Diagnose erstellen können." Willmerskötter traut diesem Gerät überhaupt nicht. Um den Arzt mit dem Gerät zum Zweifeln zu bringen, macht er folgendes: er mischt etwas Urin von seinem Dackel,von seiner Frau und von seiner Tochter zusammen mit Sperma von sich selbst und gibt diese Mischung beim nächsten Arzttermin ab. Die Flüssigkeit kommt in das Diagnose-Gerät. Nach 10 Sekunden erscheint das Ergebnis: „Ihre Frau hat zuviel Cholesterin, ihr Hund leidet an Staupe und ihre Tochter ist im 3.Monat schwanger. Und wenn sie das Onanieren nicht sein lassen, werden sie den Tennisarm nie los!"

(Melodie: Du hast mich 1000 Mal belogen)

Ich brauch das Gefühl, satt zu sein.
Niemand glaub ich - engt mich ein.
Essen ist total Genuss pur!
Manchmal frage ich: Welche Kur ?
        Refrain: Ich hab mich 1000 Mal gewogen
                Ich hab so oft Diät gemacht.
                Ich hab mir Slimfast reingezogen,
                doch das hat alles nichts gebracht!
                Ich habe Buchinger - gefastet
                mit 'nem Einlauf jeden Tag!
                Es ist so, dass ich „Gourmet"
                alles mag!
Suche einen Snack, such nach dir.
Manchmal in der Nacht fehlst du mir.
Wer schmeckt mir-wie du- kalt und warm?
Manchmal wünsch ich mir „Magen-Darm"!
        Refrain: Ich hab mich 1000 Mal gewogen.
                Ich hab so oft Diät gemacht.
                Ich hab mit Atkins mich betrogen,
                auch BCM hat nix gebracht.
                Diese ProPoints täglich zählen-
                ob im Club und am PC-
                ändert nix. Ich bleibe doch
                ein Gourmet!
Wo bist du - wenn ich von dir träum?
Ein „Bocuse - Menü" darf es sein !!   ORH+

SCHLAGERTEXTE

(Melodie: Phänomen)

Du machst mich und mein Leben leer
neben dir bin ich zentnerschwer.
>> Du schlauchst mich-
>> verbrauchst mich.

Typisch ist, dass du täglich murrst.
Immer willst du 'ne Extra - Wurst.
>> Du schlauchst mich-
>> verbrauchst mich.

Du bist ein Zauderer, der das Glück verdrängt.
Du hast ein Herz aus Stein, das mich täglich kränkt...

Refrain
>> Du - bist nicht fotogen!
>> Du - kannst nach Hause gehn.
>> Du - dich lädt niemand ein.
>> „Schietwetter" ist dein Name!

>> Du - bist nicht angenehm,
>> nein - immer unbequem!
>> Geh in die Wüste dort!
>> Du hast 'nen Schatten
>> und der geht nicht fort!

SCHLAGERTEXTE
(Melodie: Phänomen)

Dich sturen Bock kann man nicht dressier'n.
Du kannst nur eig'nen Pulsschlag spür'n..
Vergiss mich!
Verpiss dich!

Bei dir kann man nur mit Maske sein.
Du lügst total und bist so gemein!
Kack ab, Du -
and fuck you!

Fällst aus dem Rahmen total, tust mir nicht gut.
Ich bin dir völlig egal. Hier nimm deinen Hut...

Refrain: Du - bist nicht fotogen!
Du - kannst nach Hause geh'n!
Du - dich lädt niemand ein.
„Schietwetter" ist dein Name!

Du - bist nicht angenehm,
nein - immer unbequem!
Geh in die Wüste dort!
Du hast 'nen Schatten
und der geht nicht fort!

ORH+   RENATE HEBERLE

SCHLAGERTEXTE

(Melodie: Einen Stern, der deinen Namen trägt)

1) Du erzählst von Überstunden
   und die sind mit „ihr" verbunden -
   mit der „LOU" aus der Registratur!
   Bei Gedanken, die mich quälen,
   wollt ihr beide Teile zählen.
   Ich wünsch' dir bei dieser Inventur :
Refrain: Einen Stein, der deine Galle quält
             und die Koliken zählt,
             den wünsch ich dir heut Nacht!
             Einen Stein, der in deiner Galle lebt,
             deine Libido begräbt
             und über uns're Liebe wacht!
2) Du besuchst 'nen Kurs für Mantra,
   dabei übst du heimlich Tantra -
   für die „LOU" aus der Registratur!
   Und ich wünsch dir in den Lenden -
   noch dazu in beiden Händen -
   bei Bewegung nur Arthrose pur!
Refrain : Und einen Stein, der deine Galle quält
             und die Koliken zählt,
             den wünsch ich dir heut Nacht!
             Einen Stein, der in deiner Galle lebt,
             deine Libido begräbt
             und über uns're Liebe wacht!

ORH+   RENATE HEBERLE

HISTORISCHES

Im Jahr 1975 sind Franz Josef Strauß und Edmund
Stoiber auf Wahlkampftour.
Der Chauffeur hält zur Mittagszeit an einer BAB-
Raststätte. Strauß bestellt für sich eine Haxe mit Kraut
und Klößen. Stoiber wählt eine gebundene Schildkrötensuppe mit Madeira. Nach einer Stunde - die Haxe
ist längst serviert und schon fast vertilgt - fragt Stoiber
den Ober, wo denn seine Schildkrötensuppe bleibe?
Peinlich berührt erklärt der Ober: „Entschuldigen sie
bitte, Herr Stoiber, der Koch steht verzweifelt in der
Küche, die Schildkröte vor sich auf dem Brett, und
immer - wenn der Koch mit dem Hackbeil ihren Kopf
abschlagen will - zieht sie ihn ein in den Panzer. Das
versucht er nun schon über 1 Stunde!"
Stoiber geht zum Koch in die Küche: „Lassen sie
mich mal da dran. Ich schaffe das!" Stoiber steckt der
Schildkröte den Finger hinten in den Arsch, da er-
scheint vorn der Kopf aus dem Panzer und der Koch
schlägt zu. Kopf ab!
„Woher kennen sie denn diesen Trick, Herr Stoiber?"
Edmund Stoiber schmunzelt und antwortet:
„Was meinen sie, wie wir Franz Josef Strauß jeden
Morgen die Krawatte binden?!"

MANÖVER mit FJS 1962

Als Franz Josef Strauß Verteidigungsminister der BRD war, wurden drastische Sparmaßnahmen bei der Bundeswehr eingeführt. Es wurden z.B. Gewehre durch kräftige Holzknüppel ersetzt. Als Einsparung von Munition mussten die Soldaten beim Schießen laut: „Peng!!" rufen.

Franz Josef Strauß besuchte ein Manöver im Bayerischen Wald. Rekrut Meier erblickt Strauß im Gebüsch und vermutet dort den Feind. Gewissenhaft legt Meier seinen Holzknüppel an und ruft laut: „Peng!Peng!!" Aber Strauß fällt nicht um.

Soldat Meier schreit: „Sie sind jetzt tot ! Sie müssen umfallen!"

Franz Josef Strauß kontert perfekt: „Nein. Ich bin doch ein Panzer! Holterdipolter. Holterdipolter..."

HELMUT KOHL'S URLAUB

Nach der Sommerpause fragt Genscher den Bundeskanzler Kohl, wo er denn seinen Sommerurlaub verbracht hätte. „Ich war mit meiner Frau in Stanton," ist die Antwort. „Wo ist denn das?"will Genscher wissen. „In Österreich." „Mensch, Helmut, du meinst sicher den Ort Sankt Anton! St heißt dort doch Sankt. Und wo warst du noch?" Kohls Antwort ist verblüffend: „Danach waren wir noch in der Sankt Eiermark !"

DER LETZTE ALARM

Kurz nach Kriegsende sollen die Kinder einen Schulaufsatz schreiben mit dem Titel :
DER LETZTE ALARM
Der kleine Bodo ist nach 5 Minuten fertig und gibt sein Heft der Lehrerin. Sie liest : „Es gab in der letzten Nacht fünfmal Alarm und fünfmal Entwarnung. Dann kam der liebe Gott."
„Aber Bodo, geht das auch ein bisschen ausführlicher? Erzähl doch mal." Bodo beginnt das Erlebnis zu berichten: „Wir waren gerade in unserer Wohnung eingeschlafen, da gab es Alarm. Vater nahm den großen Koffer, Mutter nahm den kleinen Koffer und ich nahm den Rucksack. Als wir eine Stunde im Keller verbracht hatten, gab es Entwarnung. Vater nahm den großen Koffer, Mutter den kleinen Koffer und ich den Rucksack. Wir marschierten wieder in unsere Wohnung. Kaum hatten wir uns zum Schlafen hingelegt, gab es wieder Alarm. Vater nahm den großen Koffer, Mutter nahm den kleinen Koffer und ich den Rucksack. Im Keller hatten wir uns das gerade gemütlich gemacht, gab es wieder Entwarnung. Vater nahm den großen Koffer, Mutter nahm..." „Jaja", meint die Lehrerin, „aber wieso kam der liebe Gott?" „Naja, als wir nach der fünften Entwarnung endlich oben im Bett lagen, hörte ich, wie Mutter im Schlafzimmer sagte: „Ach du lieber Gott- jetzt kommst du auch noch !"

Gespräch zwischen Mann und Frau
vor der Hochzeit:

Er: Na endlich, ich habe schon so lange gewartet !
Sie: Möchtest du, dass ich gehe?
Er: Nein! Wie kommst du darauf?
Allein die Vorstellung ist schrecklich für mich!
Sie: Liebst du mich ?
Er: Natürlich! Zu jeder Tages- und Nachtzeit!
Sie: Hast du mich jemals betrogen?
Er: Nein! Niemals! Warum fragst du das?
Sie: Willst du mich küssen?
Er: Ja, jedes Mal, wenn ich Gelegenheit dazu habe!
Sie: Würdest du mich jemals schlagen?
Er: Bist du wahnsinnig? Du weißt doch, wer ich bin!
Sie: Kann ich dir voll vertrauen?
Er: Ja.
Sie: Mein Schatzi !

Sieben Jahre nach der Hochzeit :
Text einfach von unten nach oben lesen!

Jemand, der nicht verheiratet ist, nennt man
„ledig".
Nennt man einen Verheirateten dann
„erledigt"?

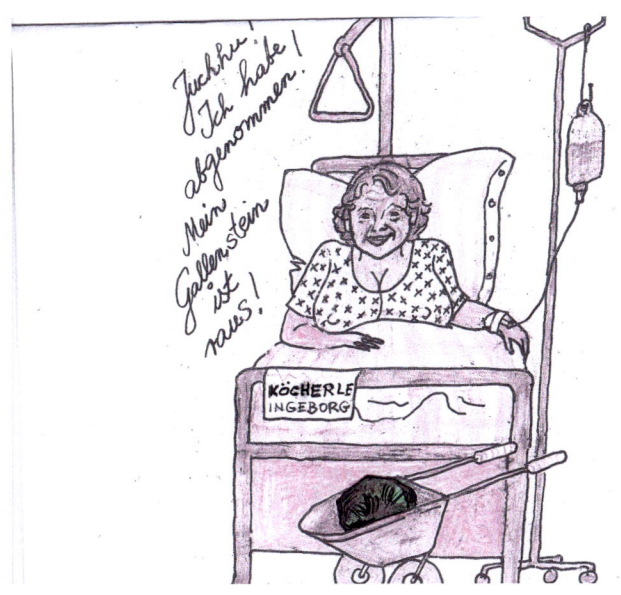

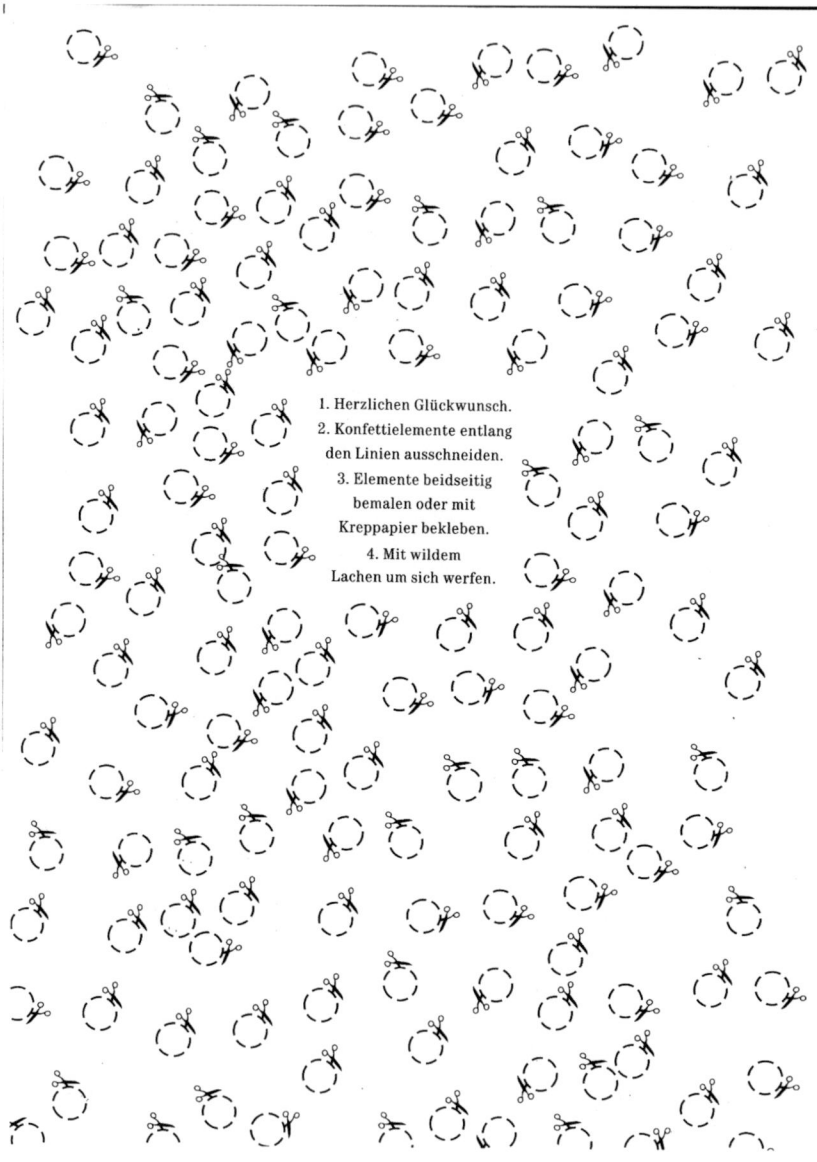

1. Herzlichen Glückwunsch.
2. Konfettielemente entlang
den Linien ausschneiden.
3. Elemente beidseitig
bemalen oder mit
Kreppapier bekleben.
4. Mit wildem
Lachen um sich werfen.